LOI

SUR LES MONUMENTS HISTORIQUES

PROMULGUÉE

LE 31 DÉCEMBRE 1913

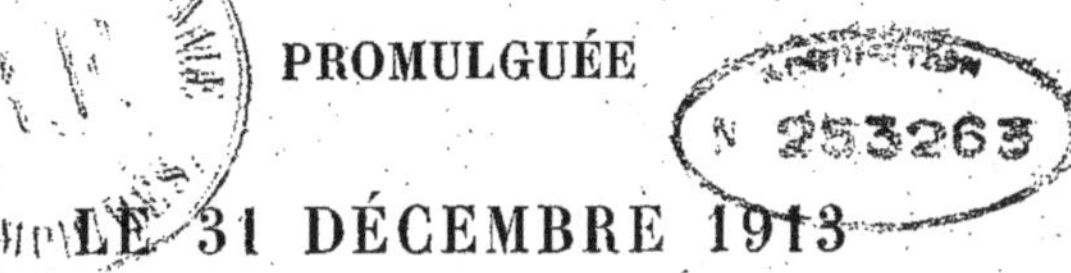

(Extrait du *Bulletin archéologique*. — 1914.)

PARIS

IMPRIMERIE NATIONALE

MDCCCCXIV

LOI
SUR LES MONUMENTS HISTORIQUES

PROMULGUÉE

LE 31 DÉCEMBRE 1913

LOI

SUR LES MONUMENTS HISTORIQUES

PROMULGUÉE

LE 31 DÉCEMBRE 1913

(Extrait du *Bulletin archéologique*. — 1914.)

PARIS

IMPRIMERIE NATIONALE

MDCCCCXIV

LOI

SUR LES MONUMENTS HISTORIQUES

PROMULGUÉE

LE 31 DÉCEMBRE 1913.

Le Sénat et la Chambre des députés ont adopté,
Le Président de la République promulgue la loi dont la teneur
suit :

CHAPITRE PREMIER.

Des immeubles.

Art. 1er. Les immeubles dont la conservation présente, au point
de vue de l'histoire ou de l'art, un intérêt public sont classés
comme monuments historiques en totalité ou en partie par les
soins du Ministre des Beaux-Arts, selon les distinctions établies
par les articles ci-après.

Sont compris parmi les immeubles susceptibles d'être classés,
aux termes de la présente loi, les monuments mégalithiques, les
terrains qui renferment des stations ou gisements préhistoriques
et les immeubles dont le classement est nécessaire pour isoler,
dégager ou assainir un immeuble classé ou proposé pour le classement.

A compter du jour où l'administration des Beaux-Arts notifie au
propriétaire sa proposition de classement, tous les effets du classement s'appliquent de plein droit à l'immeuble visé. Ils cessent de
s'appliquer si la décision de classement n'intervient pas dans les
six mois de cette notification.

Tout arrêté ou décret qui prononcera un classement après la promulgation de la présente loi sera transcrit, par les soins de l'administration des Beaux-Arts, au bureau des hypothèques de la situation de l'immeuble classé. Cette transcription ne donnera lieu à aucune perception au profit du Trésor.

Art. 2. Sont considérés comme régulièrement classés avant la promulgation de la présente loi : 1° les immeubles inscrits sur la liste générale des monuments classés, publiée officiellement en 1900 par la direction des Beaux-Arts ; 2° les immeubles, compris ou non dans cette liste, ayant fait l'objet d'arrêtés ou de décrets de classement, conformément aux dispositions de la loi du 30 mars 1887.

Dans un délai de trois mois, la liste des immeubles considérés comme classés avant la promulgation de la présente loi sera publiée au *Journal officiel*. Il sera dressé, pour chacun desdits immeubles, un extrait de la liste reproduisant tout ce qui le concerne ; cet extrait sera transcrit au bureau des hypothèques de la situation de l'immeuble, par les soins de l'administration des Beaux-Arts. Cette transcription ne donnera lieu à aucune perception au profit du Trésor.

La liste des immeubles classés sera tenue à jour et rééditée au moins tous les dix ans.

Il sera dressé en outre, dans le délai de trois ans, un inventaire supplémentaire de tous les édifices ou parties d'édifices publics ou privés qui, sans justifier une demande de classement immédiat, présentent cependant un intérêt archéologique suffisant pour en rendre désirable la préservation. L'inscription sur cette liste sera notifiée aux propriétaires et entraînera pour eux l'obligation de ne procéder à aucune modification de l'immeuble inscrit sans avoir, quinze jours auparavant, avisé l'autorité préfectorale de leur intention.

Art. 3. L'immeuble appartenant à l'État est classé par arrêté du Ministre des Beaux-Arts, en cas d'accord avec le ministre dans les attributions duquel ledit immeuble se trouve placé.

Dans le cas contraire, le classement est prononcé par un décret en Conseil d'État.

Art. 4. L'immeuble appartenant à un département, à une commune ou à un établissement public est classé par un arrêté du

Ministre des Beaux-Arts, s'il y a consentement du propriétaire et avis conforme du ministre sous l'autorité duquel il est placé.

En cas de désaccord, le classement est prononcé par un décret en Conseil d'Etat.

Art. 5. L'immeuble appartenant à toute personne autre que celles énumérées aux articles 3 et 4 est classé par arrêté du Ministre des Beaux-Arts, s'il y a consentement du propriétaire. L'arrêté détermine les conditions du classement. S'il y a contestation sur l'interprétation ou l'exécution de cet acte, il est statué par le Ministre des Beaux-Arts, sauf recours au Conseil d'État statuant au contentieux.

A défaut du consentement du propriétaire, le classement est prononcé par décret en Conseil d'État. Le classement pourra donner lieu au payement d'une indemnité représentative du préjudice pouvant résulter pour le propriétaire de l'application de la servitude de classement d'office instituée par le présent paragraphe. La demande devra être produite dans les six mois à dater de la notification du décret de classement; cet acte informera le propriétaire de son droit éventuel à une indemnité. Les contestations relatives à l'indemnité sont jugées en premier ressort par le juge de paix du canton ; s'il y a expertise, il peut n'être nommé qu'un seul expert. Si le montant de la demande excède 3oo francs, il y aura lieu à appel devant le tribunal civil.

Art. 6. Le Ministre des Beaux-Arts peut toujours, en se conformant aux prescriptions de la loi du 3 mai 1841, poursuivre au nom de l'État l'expropriation d'un immeuble déjà classé ou proposé pour le classement, en raison de l'intérêt public qu'il offre au point de vue de l'histoire ou de l'art. Les départements ou les communes ont la même faculté.

La même faculté leur est ouverte à l'égard des immeubles dont l'acquisition est nécessaire pour isoler, dégager ou assainir un immeuble classé ou proposé pour le classement.

Dans ces divers cas, l'utilité publique est déclarée par un décret en Conseil d'État.

Art. 7. A compter du jour où l'administration des Beaux-Arts notifie au propriétaire d'un immeuble non classé son intention d'en poursuivre l'expropriation, tous les effets du classement s'appliquent de plein droit à l'immeuble visé. Ils cessent de s'appliquer si la déclaration d'utilité publique n'intervient pas dans les six mois de cette notification.

Lorsque l'utilité publique a été déclarée, l'immeuble peut être classé sans autres formalités par arrêté du Ministre des Beaux-Arts. A défaut d'arrêté de classement, il demeure néanmoins provisoirement soumis à tous les effets du classement, mais cette sujétion cesse de plein droit si, dans les trois mois de la déclaration d'utilité publique, l'administration ne poursuit pas l'obtention du jugement d'expropriation.

Art. 8. Les effets du classement suivent l'immeuble classé, en quelques mains qu'il passe.

Quiconque aliène un immeuble classé est tenu de faire connaître à l'acquéreur l'existence du classement.

Toute aliénation d'un immeuble classé doit, dans les quinze jours de sa date, être notifiée au Ministre des Beaux-Arts par celui qui l'a consentie.

L'immeuble classé qui appartient à l'État, à un département, à une commune, à un établissement public, ne peut être aliéné qu'après que le Ministre des Beaux-Arts a été appelé à présenter ses observations ; il devra les présenter dans le délai de quinze jours après la notification. Le Ministre pourra, dans le délai de cinq ans, faire prononcer la nullité de l'aliénation consentie sans l'accomplissement de cette formalité.

Art. 9. L'immeuble classé ne peut être détruit ou déplacé, même en partie, ni être l'objet d'un travail de restauration, de répation ou de modification quelconque, si le Ministre des Beaux-Arts n'y a donné son consentement.

Les travaux autorisés par le Ministre s'exécutent sous la surveillance de son administration.

Le Ministre des Beaux-Arts peut toujours faire exécuter par les soins de son administration et aux frais de l'État, avec le concours éventuel des intéressés, les travaux de réparation ou d'entretien qui sont jugés indispensables à la conservation des monuments classés n'appartenant pas à l'Etat.

Art. 10. Pour assurer l'exécution des travaux urgents de consolidation dans les immeubles classés, l'administration des Beaux-

Arts, à défaut d'accord amiable avec les propriétaires, peut, s'il est nécessaire, autoriser l'occupation temporaire de ces immeubles ou des immeubles voisins.

Cette occupation est ordonnée par un arrêté préfectoral préalablement notifié au propriétaire, et sa durée ne peut en aucun cas excéder six mois.

En cas de préjudice causé, elle donne lieu à une indemnité qui est réglée dans les conditions prévues par la loi du 29 décembre 1892.

Art. 11. Aucun immeuble classé ou proposé pour le classement ne peut être compris dans une enquête aux fins d'expropriation pour cause d'utilité publique qu'après que le Ministre des Beaux-Arts aura été appelé à présenter ses observations.

Art. 12. Aucune construction neuve ne peut être adossée à un immeuble classé sans une autorisation spéciale du Ministre des Beaux-Arts.

Nul ne peut acquérir de droit par prescription sur un immeuble classé.

Les servitudes légales qui peuvent causer la dégradation des monuments ne sont pas applicables aux immeubles classés.

Aucune servitude ne peut être établie par convention sur un immeuble classé qu'avec l'agrément du Ministre des Beaux-Arts.

Art. 13. Le déclassement total ou partiel d'un immeuble classé est prononcé par un décret en Conseil d'État, soit sur la proposition du Ministre des Beaux-Arts, soit à la demande du propriétaire. Le déclassement est notifié aux intéressés et transcrit au bureau des hypothèques de la situation des biens.

CHAPITRE II.

Des objets mobiliers.

Art. 14. Les objets mobiliers, soit meubles proprement dits, soit immeubles par destination, dont la conservation présente, au point de vue de l'histoire ou de l'art, un intérêt public peuvent être classés par les soins du Ministre des Beaux-Arts.

Les effets du classement subsistent à l'égard des immeubles par destination classés qui redeviennent des meubles proprement dits.

Art. 15. Le classement des objets mobiliers est prononcé par un arrêté du Ministre des Beaux-Arts lorsque l'objet appartient à l'État, à un département, à une commune ou à un établissement public. Il est notifié aux intéressés.

Le classement devient définitif si le ministre de qui relève l'objet ou la personne publique propriétaire n'ont pas réclamé dans le délai de six mois à dater de la notification qui leur en a été faite. En cas de réclamation, il sera statué par décret du Conseil d'État. Toutefois, à compter du jour de la notification, tous les effets de classement s'appliquent provisoirement et de plein droit à l'objet mobilier visé.

Art. 16. Les objets mobiliers appartenant à toute personne autre que celles énumérées à l'article précédent peuvent être classés, avec le consentement du propriétaire, par arrêté du Ministre des Beaux-Arts.

A défaut du consentement du propriétaire, le classement ne peut être prononcé que par une loi spéciale.

Art. 17. Il sera dressé, par les soins du Ministre des Beaux-Arts, une liste générale des objets mobiliers classés, rangés par département. Un exemplaire de cette liste, tenu à jour, sera déposé au Ministère des Beaux-Arts et à la préfecture de chaque département. Il pourra être communiqué sous les conditions déterminées par un règlement d'administration publique.

Art. 18. Tous les objets mobiliers classés sont imprescriptibles. Les objets classés appartenant à l'État sont inaliénables.

Les objets classés appartenant à un département, à une commune, à un établissement public ou d'utilité publique ne peuvent être aliénés qu'avec l'autorisation du Ministre des Beaux-Arts et dans les formes prévues par les lois et règlements. La propriété ne peut en être transférée qu'à l'État, à une personne publique ou à un établissement d'utilité publique.

Art. 19. Les effets du classement suivent l'objet, en quelques mains qu'il passe.

Tout particulier qui aliène un objet classé est tenu de faire connaître à l'acquéreur l'existence du classement.

Toute aliénation doit, dans les quinze jours de la date de son accomplissement, être notifiée au Ministère des Beaux-Arts par celui qui l'a consentie.

Art. 20. L'acquisition faite en violation de l'article 18, deuxième et troisième alinéas, est nulle. Les actions en nullité où en revendication peuvent être exercées à toute époque tant par le Ministre des Beaux-Arts que par le propriétaire originaire. Elles s'exercent sans préjudice des demandes en dommages-intérêts qui peuvent être dirigées soit contre les parties contractantes solidairement responsables, soit contre l'officier public qui a prêté son concours à l'aliénation. Lorsque l'aliénation illicite a été consentie par une personne publique ou un établissement d'utilité publique, cette action en dommages-intérêts est exercée par le Ministre des Beaux-Arts au nom et au profit de l'État.

L'acquéreur ou sous-acquéreur de bonne foi, entre les mains duquel l'objet est revendiqué, a droit au remboursement de son prix d'acquisition ; si la revendication est exercée par le Ministre des Beaux-Arts, celui-ci aura recours contre le vendeur originaire pour le montant intégral de l'indemnité qu'il aura dû payer à l'acquéreur ou sous-acquéreur.

Les dispositions du présent article sont applicables aux objets perdus ou volés.

Art. 21. L'exportation hors de France des objets classés est interdite.

Art. 22. Les objets classés ne peuvent être modifiés, réparés ou restaurés sans l'autorisation du Ministre des Beaux-Arts, ni hors la surveillance de son administration.

Art. 23. Il est procédé, par l'administration des Beaux-Arts, au moins tous les cinq ans, au récolement des objets mobiliers classés.

En outre, les propriétaires ou détenteurs de ces objets sont tenus, lorsqu'ils en sont requis, de les représenter aux agents accrédités par le Ministre des Beaux-Arts.

Art. 24. Le déclassement d'un objet mobilier classé peut être prononcé par le Ministre des Beaux-arts soit d'office, soit à la demande du propriétaire. Il est notifié aux intéressés.

CHAPITRE III.

De la garde et de la conservation des monuments historiques.

ART. 25. Les différents services de l'État, les départements, les communes, les établissements publics ou d'utilité publique sont tenus d'assurer la garde et la conservation des objets mobiliers classés dont ils sont propriétaires, affectataires ou dépositaires, et de prendre à cet effet les mesures nécessaires.

Les dépenses nécessitées par ces mesures sont, à l'exception des frais de construction ou de reconstruction des locaux, obligatoires pour le département ou la commune.

A défaut par un département ou une commune de prendre les mesures reconnues nécessaires par le Ministre des Beaux-Arts, il peut y être pourvu d'office, après une mise en demeure restée sans effet, par décision du même Ministre.

En raison des charges par eux supportées pour l'exécution de ces mesures, les départements et les communes pourront être autorisés à établir un droit de visite dont le montant sera fixé par le préfet après approbation du Ministre des Beaux-Arts.

ART. 26. Lorsque l'administration des Beaux-Arts estime que la conservation ou la sécurité d'un objet classé, appartenant à un département, à une commune ou à un établissement public, est mise en péril, et lorsque la collectivité propriétaire, affectataire ou dépositaire ne veut ou ne peut pas prendre immédiatement les mesures jugées nécessaires par l'administration pour remédier à cet état de choses, le Ministre des Beaux-Arts peut ordonner d'urgence, par arrêté motivé, aux frais de son administration, les mesures conservatoires utiles, et de même, en cas de nécessité dûment démontrée, le transfert provisoire de l'objet dans un trésor de cathédrale, s'il est affecté au culte, et, s'il ne l'est pas, dans un musée ou autre lieu public national, départemental ou communal, offrant les garanties de sécurité voulues et, autant que possible, situé dans le voisinage de l'emplacement primitif.

Dans un délai de trois mois à compter de ce transfert provisoire, les conditions nécessaires pour la garde et la conservation de l'objet dans son emplacement primitif devront être déterminées par une commission réunie sur la convocation du préfet et composée : 1° du préfet, président de droit ; 2° d'un délégué du Ministère des Beaux-Arts ; 3° de l'archiviste départemental ; 4° de l'architecte des monuments historiques du département ; 5° d'un président ou secrétaire de société régionale, historique, archéologique ou artistique, désigné à cet effet pour une durée de trois ans par arrêté du Ministre des Beaux-Arts ; 6° du maire de la commune ; 7° du conseiller général du canton.

La collectivité propriétaire, affectataire ou dépositaire pourra, à toute époque, obtenir la réintégration de l'objet dans son emplacement primitif, si elle justifie que les conditions exigées y sont désormais réalisées.

Art. 27. Les gardiens d'immeubles ou d'objets classés appartenant à des départements, à des communes ou à des établissements publics doivent être agréés et commissionnés par le préfet.

Le préfet est tenu de faire connaître son agrément et son refus d'agréer dans le délai d'un mois. Faute par la personne publique intéressée de présenter un gardien à l'agrément du préfet, celui-ci en pourra désigner un d'office.

Le montant du traitement des gardiens doit être approuvé par le préfet.

Les gardiens ne peuvent être révoqués que par le préfet. Ils doivent être assermentés.

CHAPITRE IV.

Fouilles et découvertes.

Art. 28. Lorsque par suite de fouilles, de travaux ou d'un fait quelconque on a découvert des monuments, des ruines, des inscriptions ou des objets pouvant intéresser l'archéologie, l'histoire ou l'art sur des terrains appartenant à l'État, à un département, à une commune, à un établissement public ou d'utilité publique, le maire de la commune doit assurer la conservation provisoire des objets découverts et aviser immédiatement le préfet des mesures prises.

Le préfet en réfère, dans le plus bref délai, au Ministre des Beaux-Arts qui statue sur les mesures définitives à prendre.

Si la découverte a lieu sur le terrain d'un particulier, le maire
en avise le préfet. Sur le rapport du préfet, le Ministre peut poursuivre l'expropriation dudit terrain en tout ou en partie pour cause
d'utilité publique, suivant les formes de la loi du 3 mai 1841.

CHAPITRE V.

Dispositions pénales.

ART. 29. Toute infraction aux dispositions du paragraphe 4 de
l'article 2 (modification sans avis préalable d'un immeuble inscrit
sur l'inventaire supplémentaire), des paragraphes 2 et 3 de l'article 8 (aliénation d'un immeuble classé), des paragraphes 2 et 3
de l'article 19 (aliénation d'un objet mobilier classé), du paragraphe 2 de l'article 23 (représentation des objets mobiliers classés)
sera punie d'une amende de 16 à 300 francs.

ART. 30. Toute infraction aux dispositions du paragraphe 3 de
l'article 1er (effets de la proposition de classement d'un immeuble),
de l'article 7 (effet de la notification d'une demande d'expropriation), des paragraphes 1er et 2 de l'article 9 (modification d'un immeuble classé), de l'article 12 (constructions neuves, servitude) ou
de l'article 22 (modification d'un objet mobilier classé) de la présente loi sera punie d'une amende de seize à mille cinq cents francs,
(16 à 1,500 fr.), sans préjudice de l'action en dommages-intérêts
qui pourra être exercée contre ceux qui auront ordonné les travaux
exécutés ou les mesures prises en violation desdits articles.

ART. 31. Quiconque aura aliéné, sciemment acquis ou exporté
un objet mobilier classé, en violation de l'article 18 ou de l'article 21
de la présente loi, sera puni d'une amende de cent à dix mille francs
(100 à 10,000 fr.) et d'un emprisonnement de six jours à trois
mois, ou de l'une de ces deux peines seulement, sans préjudice
des actions en dommages-intérêts visées en l'article 20, paragraphe 1er.

ART. 32. Quiconque aura intentionnellement détruit, abattu,
mutilé ou dégradé un immeuble ou un objet mobilier classé sera
puni des peines portées à l'article 257 du Code pénal, sans préjudice de tous dommages-intérêts.

Art. 33. Les infractions prévues dans les quatre articles pré-
cédents seront constatées à la diligence du Ministre des Beaux-Arts.
Elles pourront l'être par des procès-verbaux dressés par les conser-
vateurs ou les gardiens d'immeubles ou objets mobiliers classés,
dûment assermentés à cet effet.

Art. 34. Tout conservateur ou gardien qui, par suite de négli-
gence grave, aura laissé détruire, abattre, mutiler, dégrader ou
soustraire soit un immeuble, soit un objet mobilier classé, sera
puni d'un emprisonnement de huit jours à trois mois et d'une
amende de seize à trois cents francs ou de l'une de ces deux peines
seulement.

Art. 35. L'article 463 du Code pénal est applicable dans les cas
prévus au présent chapitre.

CHAPITRE VI.

Dispositions diverses.

Art. 36. La présente loi pourra être étendue à l'Algérie et aux
colonies, par des règlement d'administration publique qui détermi-
neront dans quelles conditions et suivant quelles modalités elle y
sera applicable.

Jusqu'à la promulgation du règlement concernant l'Algérie, l'article 16 de la loi du 30 mars 1887 restera applicable à ce ter-
ritoire.

Art. 37. Un règlement d'administration publique déterminera
les détails d'application de la présente loi.

Ce règlement sera rendu après avis de la Commission des monuments historiques.

Cette commission sera également consultée par le Ministre des
Beaux-Arts pour toutes les décisions prises en exécution de la présente loi.

Art. 38. Les dispositions de la présente loi sont applicables à
tous les immeubles et objets mobiliers régulièrement classés avant
sa promulgation.

Art. 39. Sont abrogés les lois du 30 mars 1887, du 19 juillet 1909
et du 16 février 1912 sur la conservation des monuments et objets

d'art ayant un intérêt historique et artistique, les paragraphes 4 et 5 de l'article 17 de la loi du 9 décembre 1905 sur la séparation des Églises et de l'État, et généralement toutes dispositions contraires à la présente loi.

La présente loi, délibérée et adoptée par le Sénat et par la Chambre des députés, sera exécutée comme loi de l'État.

Fait à Paris, le 31 décembre 1913.

R. POINCARÉ.

Par le Président de la République :

Le Ministre de l'Instruction publique
et des Beaux-Arts,

René VIVIANI.

Le Ministre de l'Intérieur,

René RENOULT.